AF434287

Écrire une nouvelle en 7 jours

Et réussir son projet Bradbury

Virginie VINCENT

Écrire une nouvelle en 7 jours

Et réussir son projet Bradbury

Autoédition

PromAuteur, coll. Conseils d'écriture

Le Code de la propriété intellectuelle et artistique n'autorisant, aux termes des alinéas 2 et 3 de l'article L.122-5, d'une part, que les « copies ou reproductions strictement réservées à l'usage privé du copiste et non destinées à une utilisation collective » et, d'autre part, que les analyses et les courtes citations dans un but d'exemple et d'illustration, « toute représentation ou reproduction intégrale, ou partielle, faite sans le consentement de l'auteur ou de ses ayants droit ou ayants cause, est illicite » (alinéa 1er de l'article L. 122-4). Cette représentation ou reproduction, par quelque procédé que ce soit, constituerait donc une contrefaçon sanctionnée par les articles 425 et suivants du Code pénal.

© Virginie VINCENT, 2019
Couverture : Virginie VINCENT
ISBN : 979-1097550141
http://www.prom-auteur.com

Table des matières

Pourquoi écrire des nouvelles ?

Une nouvelle est un récit fictionnel court, communément de moins de 15 000 mots ou 90 000 cec[1]. Elle se différencie de la fable et du conte par son absence de morale finale.

La concision est la caractéristique principale de la nouvelle : il y a peu de personnages, d'événements, de descriptions… Tout doit y être traité de façon précise et laconique.

Dès lors, le ou la nouvelliste ne concentre son récit que sur une seule action et évite de multiplier les intrigues et les péripéties. L'action se limite souvent à un, parfois deux événements qui se déroulent dans peu de lieux. On en compte en général trois, au maximum : le premier pour la situation initiale, le deuxième pour la ou les péripéties et le troisième pour la situation finale. Bien souvent, les situations initiales et finales se passent aux mêmes endroits.

De même, le nombre de personnages est, lui aussi, limité. La brièveté de la nouvelle ne permet pas d'en introduire beaucoup. La plupart du temps, on en présente qu'un seul. Leurs descriptions physique et psychologique sont réduites, elles aussi. Il arrive même qu'on aille jusqu'à ignorer l'identité du personnage principal. Les lecteurs et lectrices ne connaissent parfois ni son nom, ni son âge, ni son état

---

1 Caractères espaces comprises

civil. Lorsqu'il est évoqué dans le récit, on n'emploie alors que les pronoms il, elle ou je (s'il est le narrateur).

Lorsqu'il y a description physique du personnage principal, elle est sommaire et ne concerne que des points importants de son allure, et ce, de manière à pouvoir s'en faire une idée nette très rapidement. Sa psychologie est, quant à elle, dévoilée par son comportement ou par des indices placés dans des descriptions de lieux importants pour lui. Les autres personnages sont décrits de façon encore plus succincte.

De plus, le ou les lieux dans lesquels se déroulent l'intrigue sont peu nombreux et, eux aussi, décrits brièvement. On ne relève que des éléments significatifs servant à donner des indications, outre pragmatiques, sur la psychologie des personnages, leur passé, leur identité…

Ces exigences de concision et de précision font de la nouvelle un exercice difficile. Chaque élément donné doit être significatif. Le superflu n'y a pas sa place. Il convient donc, lors de l'écriture, de retenir les informations essentielles au récit et de ne pas les noyer dans d'interminables paragraphes ou envolées lyriques, que l'écrivain ou l'écrivaine n'aura rédigés que pour le plaisir de la figure de style.

Toutefois, la nouvelle est également le format idéal pour la pratique de l'écriture. Étant donné qu'il s'agit d'un récit court, sa rédaction requiert moins de temps que le roman. Elle est donc parfaite autant pour celles et ceux qui souhaitent se mettre à l'écriture que pour les plus expérimeté-e-s qui aimeraient s'essayer à de nouvelles aventures rédactionnelles.

Ainsi, si vous vous lancez dans l'aventure de l'écriture, la nouvelle est le meilleur format pour démarrer. Sa brièveté vous permettra de terminer sa rédaction plus vite et, de fait, d'en rédiger plusieurs là où un roman peut demander jusqu'à des années de travail. Même si ces nouvelles que vous rédigerez ne seront peut-être pas destinées à la publication, elles vous permettront tout de même de vous mettre à écrire. Mais surtout, vous aurez la satisfaction d'avoir terminé un récit.

Il est vrai que la nouvelle n'a pas le prestige du roman. Mais lorsque l'on débute, on n'a pas non plus le talent de l'écrivain-e qui a déjà des années d'expérience. Comme partout, lorsque l'on débute, on commence petit, et l'écriture ne déroge pas à cette règle. La nouvelle permet de s'y mettre et de finir un premier écrit, puis un deuxième, puis un troisième, etc. Commencer petit vous permettra de désacraliser l'acte d'écrire et de vous entraîner pour ne pas vous perdre lorsque vous vous lancerez dans votre roman.

Le roman est un format de longue haleine qui demande rigueur, persévérance et expérience. Lorsque l'on débute dans l'écriture, ce sont des qualités que l'on n'a pas encore. La rédaction de nouvelles permet de les acquérir, mais surtout d'apprendre à se connaître en tant qu'écrivain ou écrivaine. Avant de se lancer dans la rédaction d'un roman, voire d'une série, il est important de pouvoir répondre à ces questions :

Est-ce que j'aime réellement écrire ? Quel est mon rythme d'écriture ? Suis-je prêt-e à dégager des plages horaires dans mon emploi du temps pour écrire ?

Définir vos aspirations liées à l'écriture, connaître le temps moyen que vous mettez pour rédiger un récit et, surtout, constater si vous voulez faire de l'écriture une priorité ou pas sont importants pour savoir quels buts vous fixer. Car on n'écrit pas de la même manière selon que l'on veut écrire pour le plaisir ou pour en vivre.

En revanche, si vous comptez déjà une certaine expérience dans l'écriture, la nouvelle pourrait vous paraître inutile. Or, elle est un excellent exercice si vous souhaitez vous remettre à l'écriture après une période d'arrêt. À la manière de sportifs de haut niveau souhaitant reprendre le sport après une blessure, ils doivent s'y remettre en douceur. Il en va de même pour l'écriture : après une pause plus ou moins longue, le système est rouillé, d'une certaine manière. La nouvelle est le format parfait pour renouer en douceur avec l'écriture et réveiller les anciennes habitudes. On pourrait la voir comme une sorte de remise en jambes pour les écrivain-e-s.

En outre, la nouvelle est un format suffisamment court qui permet d'en écrire plusieurs dans un laps de temps assez restreint. Elle est donc un excellent moyen d'essayer de nouvelles choses comme un nouveau genre, de nouvelles psychologies de personnages, d'autres procédés narratifs…

Qu'est-ce que le Projet Bradbury ?

Le Projet Bradbury est un défi d'écriture lancé en 2013 par Neil Jomunsi[2], un écrivain français. Il est basé sur une citation de l'écrivain américain de science-fiction Ray Bradbury prononcée lors d'une conférence qu'il donna en 2001 devant le public du *6th Annual Writer's Symposium by the Sea* :

Écrire un roman, c'est compliqué : vous pouvez passer une année, peut-être plus, sur quelque chose qui, en fin de compte, sera raté. Écrivez des histoires courtes. Une par semaine. Il n'y a que comme ça que vous apprendrez votre métier d'écrivain. Au bout d'un an, vous serez alors heureux d'avoir vraiment accompli quelque chose. Vous aurez entre les mains 52 nouvelles. Et je vous mets au défi d'en écrire 52 mauvaises : c'est impossible.

Le Projet Bradbury consiste donc à écrire une nouvelle par semaine pendant un an.

Loin de n'être qu'un défi à la limite du masochisme, ce challenge permet de s'engager à écrire sur le long terme. Le

---

2 N'hésitez pas à aller lire son article sur son blog : https://page42.org/projet-bradbury-s0/

projet Bradbury est un marathon d'écriture. Et, comme tout marathon, il demande de la régularité.

Ce défi sert également à éprouver votre écriture afin qu'elle devienne meilleure. En 52 nouvelles, vous aurez l'occasion de :

- trouver un rythme d'écriture, voire d'établir votre propre processus créatif
- travailler votre style en vous fixant des difficultés à relever
- renouer avec l'écriture si vous l'aviez abandonnée
- travailler votre imagination (par exemple en vous imposant des contraintes rédactionnelles)
- tester de nouvelles choses pendant un an (peut-être avez-vous une idée d'histoire dont vous ne savez pas quoi faire, peut-être que vous voudriez vous lancer dans un nouveau genre…)
- fixer des objectifs pour vous motiver

Pour réussir ce défi, l'écrivain-e doit instaurer une sorte de processus afin de construire des histoires et de les mener à bien. L'écriture n'est pas différente des autres arts, pour s'améliorer, il faut s'exercer et le projet Bradbury est l'un des meilleurs challenges d'écriture pour y parvenir. Ray Bradbury avait raison lorsqu'il disait qu'il était impossible d'écrire 52 mauvais textes. D'ailleurs, si vous relevez ce défi, vous constaterez, à la fin de l'année écoulée, que votre 52e nouvelle sera meilleure que votre première.

Toutefois, le principal enjeu de ce défi n'est pas nécessairement d'écrire 52 nouvelles, mais bien d'écrire de manière régulière et assidue. Si écrire une nouvelle par semaine vous semble trop contraignant, libre à vous d'adapter le nombre d'histoires à écrire. De même, si vous n'écrivez pas les 52 nouvelles, mais que vous en avez tout de même écrit quelques-unes, vous pouvez vous féliciter.

Il est également possible d'adapter le projet Bradbury à votre emploi du temps, à vos besoins et vos attentes. Dès lors, vous pouvez très bien décider d'écrire :

- 52 nouvelles en 52 semaines (objectif initial).
- 52 nouvelles de 52 000 cec (≈ 8700 mots) chacune en 52 semaines
- 12 nouvelles en 52 semaines (soit une nouvelle par mois)
- un roman en 52 semaines
- un roman de 52 000 mots (≈ 312 000 cec) en 52 semaines
- écrire 52 minutes par jour
- …

En somme, le principe est de garder le nombre 52 quelque part pour garder la cohérence avec la citation de Ray Bradbury.

Si vous souhaitez partager votre aventure, Neil Jomunsi a créé le hashtag #ProjetBradbury que vous pouvez utiliser sur les réseaux sociaux. Il vous permettra de trouver d'autres personnes participant au défi et peut-être même des compagnons de labeur.

Écrire une nouvelle en 7 jours

Écrire une nouvelle en une semaine n'a rien d'impossible. Tout n'est qu'une question d'organisation.

Par le biais de ce guide, je compte vous livrer une méthode pas à pas pour écrire une nouvelle en 7 jours, à raison de deux heures par jour.

Cette méthode est une suite d'étapes logiques réparties sur les jours de la semaine. Bien qu'il ne s'agisse pas d'une répartition arbitraire, il se peut qu'elle ne vous convienne pas, tout simplement parce qu'il existe autant de méthodes que d'écrivain-e-s. Toutefois, si vous commencez l'écriture, je vous recommande de suivre chacune des étapes à la lettre. Au fur et à mesure des nouvelles que vous écrirez, vous constaterez rapidement que certaines étapes et certains rythmes vous correspondent et d'autres pas. Il n'y a qu'avec l'expérience que vous pourrez modifier le plan de travail qui suit de manière efficace, voire créer le vôtre.

De même, si cela fait plusieurs années que vous n'avez plus écrit, je vous conseille également de suivre strictement ce pas-à-pas. Il se peut que votre ancienne méthode de travail ne vous convienne plus. Dès lors, partir sur de nouvelles bases pour établir votre prochain processus rédactionnel ne peut être que bénéfique.

Je vous incite aussi à lire une première fois toutes les étapes avant de vous de lancer, et non de les découvrir au jour le jour.

Sur mon site, vous trouverez une série de fiches de travail au format PDF (et donc imprimables) pour vous aider à écrire votre ou vos nouvelles.

La série est disponible à l'adresse suivante :

http://www.prom-auteur.com/boutique/pdf-ecrire-une-nouvelle-en-7-jours/

Jour 0 : Trouver des idées (facultatif) et prendre rendez-vous

Première heure : Prendre rendez-vous

Le principal problème des écrivain-e-s, c'est la gestion du temps.

Je croise souvent des réflexions comme « Je n'ai pas le temps d'écrire » ou encore « J'attends d'avoir le temps pour écrire ». S'il y a bien une chose que j'ai apprise, c'est que l'on ne trouve jamais le temps. Si vous voulez vraiment écrire, n'attendez pas d'avoir le temps, prenez-le !

Et le meilleur moyen d'y parvenir, c'est de prendre rendez-vous avec soi-même.

Alors, la première étape est de prendre votre agenda, qu'importe que ce soit un *planeur*, *Google Calendar*, un *bullet journal* ou autre, et de vous trouver deux heures chaque jour de la semaine. Ce ne doit pas nécessairement être deux heures d'affilée, ce peut très bien être deux plages d'une heure.

Une fois que vous les aurez trouvées, notez-y : « J'écris ! » En rouge, en gras, avec des points d'exclamation, il faut que vous ayez cette notion d'impératif incontournable. N'hésitez pas à programmer des réveils pour vous assurer de ne pas les manquer. Ces plages horaires doivent être bloquées, cadenassées. Elles ne sont ni annulables ni déplaçables. Ce doivent être des moments de votre semaine que vous ne dédierez qu'à l'écriture et à rien d'autre.

Je vous conseille aussi grandement de vous équiper d'un minuteur, qu'il soit mécanique, numérique, comme celui de votre téléphone, ou que vous optiez pour un sablier, cela importe peu. Ce qui compte vraiment c'est que ce soit quelque chose qui marque la diminution du temps et le rapprochement de la fin du temps imparti. C'est une manière de se mettre la pression, en quelque sorte. Vous verrez que c'est bénéfique sur l'efficacité et la motivation.

Deuxième heure : Trouver des idées

Si vous décidez de vous lancer dans un projet Bradbury, il est bon de penser aux sujets de vos nouvelles avant de l'entamer. Un tel projet demande de l'endurance, si vous voulez pouvoir soutenir le rythme d'une nouvelle par semaine, vous ne pouvez pas vous permettre de passer des heures, voire des jours à chercher LA bonne idée ou à attendre une illumination. Vous gagnerez donc beaucoup de temps et d'énergie à réaliser une liste d'idées.

L'idéal serait que vous en trouviez au moins 52, mais ce n'est pas obligatoire. En un an, vous aurez plusieurs fois l'opportunité de trouver de nouvelles idées. Gardez de quoi écrire sur vous en permanence, l'inspiration est susceptible de vous tomber dessus n'importe quand.

En établissant votre liste, rappelez-vous que ce projet Bradbury est avant tout là pour vous permettre de vous exercer et de vous apprendre à trouver votre rythme, ne cherchez pas l'idée de votre vie à tout prix, optez pour des thèmes et des genres qui vous tiennent à cœur ou que vous avez envie d'essayer et qui vous parlent.

Pour trouver des idées de nouvelles, voici plusieurs pistes :

- vous inscrire à ma newsletter « Projet Bradbury » sur mon site, Prom'auteur : toutes les semaines pendant un an j'enverrai trois propositions pour vous donner des idées sous forme de phrases à terminer, d'images inspirantes, de thèmes à aborder, de jeux d'écriture… (et c'est gratuit !)

http://www.prom-auteur.com/52-semaines-didees/

- chercher des lieux dans lesquels placer vos intrigues qui vous donnent envie d'écrire parce que l'ambiance est inspirante ou que l'histoire de ces endroits titille votre imagination,

- pensez à des thèmes qui vous tiennent à cœur et dont vous avez envie de parler,

- tenter des genres qui vous intéressent,

- certains types ou archétypes de personnages pourraient vous intéresser,

- retenir les époques qui vous inspirent,
- lire la presse : certains titres, articles ou faits divers peuvent être très inspirants,
- tester le pastiche[3] pour l'exercice.

Écrivez ces idées en une phrase ou quelques mots, ce n'est pas la peine de développer tout le synopsis maintenant, le but est d'avoir au moins 52 idées.

Si le cœur vous en dit, vous pouvez les noter dans un tableau qui reprend les grandes questions de la méthode des 5 W's[4] : Qui ? Quoi ? Où ? Quand ? Pourquoi ? Comment ? Et répondre aux interrogations pour lesquelles vous avez déjà des réponses. Cela vous aidera à construire votre histoire par la suite.

---

3   Un pastiche est une œuvre littéraire dans laquelle l'auteur imite en partie ou totalement l'œuvre d'un maître ou d'un artiste de renom par exercice, par jeu ou dans une intention parodique.

4   *5Ws* est le nom anglais de la méthode QQOQCCP. Cette méthode consiste à se poser différentes questions et d'y répondre afin de construire son récit. Ces questions sont : *What happened?* (Que s'est-il passé ?) ; *Who is involved?* (Qui est impliqué ?) ; *Where did it take place?* (Où cela s'est-il produit ?) ; *When did it take place?* (Quand cela s'est-il passé ?) ; *Why did that happen?* (Pourquoi cela s'est-il produit ?) ; la question bonus : *How did it happen?* (Comment cela s'est-il passé ?)

Jour 1 : Développer votre idée et faire vos recherches

Première heure : Développer votre idée

Si vous n'avez pas établi de liste d'idées ou que vous n'êtes pas inscrit-e à ma newsletter, il est grand temps de vous pencher sur le sujet de votre nouvelle.

Pour vous décider à partir de votre tableau ou liste, choisissez l'idée qui vous attire le plus. Que ce soit par son genre littéraire, le thème qu'elle aborde, le cadre… Si vous souhaitez écrire une nouvelle dans le cadre d'un concours, vous pouvez, bien entendu, piocher dans cette liste si l'une de vos idées correspond au thème imposé s'il y en a un.

Une fois le sujet choisi, il est temps de répondre aux questions de votre tableau. Si vous n'êtes pas à l'aise avec ce format, vous pouvez très bien prendre des notes sur papier libre ou imprimer la fiche de travail correspondante.

Commencez par définir le genre[5] que vous voulez traiter, cela vous donnera une bonne indication de la manière dont vous devrez écrire votre nouvelle, des thèmes à aborder ou du ton à utiliser et des réponses à donner aux fameuses questions :

---

5   Fantasy, policier, romance, aventure, enquête, humour, science-fiction…

- Que s'est-il passé ? : décrivez en une ou deux phrases le résumé de votre histoire, avec la fin.

- Qui est impliqué ? : parlez brièvement du ou des protagonistes et antagonistes concernés et citez quelques éléments importants les concernant (précisez si ce ne sont pas des êtres humains).

- Où cela s'est-il produit ? : dans un lieu réel ? Dans un lieu inventé réaliste ? Dans un lieu imaginaire ? Dans un univers qui existe déjà (dans le cas d'une fanfiction) ?

- Quand cela s'est-il passé ? : Est-ce une histoire contemporaine ? Avez-vous une date précise ? Votre histoire se déroule-t-elle dans le passé réel ? Dans un passé inventé ? Dans le futur ?

- Pourquoi cela s'est-il produit ? : Quelle est ou quelles sont les causes du récit ? Quel est ou quels sont les objectifs de votre ou vos personnages ?

- Comment cela s'est-il passé ? : Quels moyens votre ou vos personnages doivent-ils mettre en œuvre pour parvenir à leurs fins ?

Il n'est pas nécessaire de donner des réponses complètes. Pour le moment, il ne s'agit que de vous fixer des éléments que vous devrez compléter et développer plus tard. À cette étape-ci, soit votre cerveau bouillonne d'idées, soit vous devez les extirper à grand peine. Octroyez-vous le temps de laisser reposer votre inspiration et votre cerveau afin de pouvoir réfléchir correctement à ce que vous voudrez écrire.

Deuxième heure : Faire vos recherches

En fonction des réponses aux questions du point précédent, il se peut que vous ayez besoin de réunir des informations complémentaires. Ces recherches vous serviront à pouvoir rester réaliste ou, au moins, plausible dans vos descriptions, vos actions ou avec vos personnages.

Ces recherches peuvent autant concerner des lieux que des traits de caractères, des traits physiques pour vos personnages (en vous basant sur des photos de stars ou de vos proches), des faits historiques, des détails architecturaux…

Même si des recherches sont nécessaires, elles ne doivent pas être exhaustives : vous êtes sur le point d'écrire une nouvelle, pas un essai.

Ces recherches sont aussi un bon moyen pour vous confronter à vos choix : si vous vous rendez compte que ce que vous aviez imaginé ne correspond pas du tout à la réalité, vous pouvez toujours modifier ce qui vous dérange.

En outre, si vous projetez d'écrire une nouvelle historique, vos recherches vous éviteront de commettre des ana-[6] et des parachronismes[7].

------

6   Un anachronisme est une erreur qui consiste à attribuer des usages, des idées, etc., aux hommes d'une époque où ces idées, ces usages n'étaient pas encore connus ou en pratique.

7   Un parachronisme est une faute de chronologie qui consiste à placer un événement plus tard que l'époque à laquelle il est arrivé.

Jour 2 : Définir les personnages, le lieu et la temporalité

Première heure : Définir les personnages

Il est temps de définir vos personnages, de compléter leur « fiche ».

Faire des fiches de personnage permet de les fixer sur le papier pour éviter les incohérences comme un personnage qui commence blond et finit châtain, un autre dont la cicatrice au visage change trois fois de côté, etc.

Définir leur caractère, leurs habitudes leur physique, etc. permettra à vos personnages d'acquérir une véritable épaisseur, de paraître réels.

Tous les personnages ne seront pas développés avec la même précision : seuls les principaux nécessitent une fiche complète. Certains éléments que vous noterez sur sa fiche seront certainement superflus, mais, même s'ils ne sont pas utiles pour l'histoire, ils permettront à votre personnage de gagner en crédibilité. Il est courant de comparer les récits à des icebergs : la partie émergée correspondant aux informations données aux lecteurs et lectrices et la partie immergée à toutes les notes et recherches de l'auteur ou de l'autrice.

Pour un personnage principal, détaillez :

- Son C.V. : nom(s), prénom(s), surnom(s), sexe/genre, date de naissance et/ou âge au moment de l'histoire, lieu de naissance, origines géographiques, goûts, dégoûts, position sociale (noblesse, prolétariat, paysannerie, ingénieur, royauté,...), etc.

- Sa lettre de motivation : quel sera son rôle dans le récit (héros, allié, ennemi, tavernier...), ses buts (conscients et inconscients) à se lancer (volontairement ou non) dans l'aventure, son évolution au cours de l'histoire...

- Son livret de famille : exposer la situation familiale de votre personnage, y parler de ses parents, ses frères et sœurs, ses amis, ses amours et ses ennemis. Le tout pour les périodes avant et pendant le récit (et après aussi, si vous le désirez ou si c'est important pour l'histoire).

- Sa personnalité : ses qualités, ses défauts, son alignement[8], ses maladies mentales, la manière dont il se considère, ses doutes, ses peurs, ses fiertés, ses habitudes...

- Son apparence et son corps : son allure générale (taille, corpulence, démarche, couleur de peau...), description détaillée de la tête aux pieds, son style vestimentaire, sa santé (ses maladies, ses malformations, ses allergies...),

---

8   L'alignement est un outil issu du jeu de rôles *Donjons et Dragons* permettant de développer la personnalité d'un personnage en définissant son éthique et sa moralité. Ce n'est pas un carcan destiné à contraindre la conduite du personnage. Chaque alignement regroupe des caractères, voire des philosophies, fort différents, ce qui signifie que deux personnages d'un même alignement peuvent n'avoir que très peu de choses en commun quant à la manière dont ils se comportent.

ses signes distinctifs (tatouages, piercing, taches de naissance, cicatrices…), etc.

- Ses relations avec le monde : la manière dont il conçoit le monde, sa religion et/ou sa philosophie, la manière dont les gens le perçoivent, a-t-il le contact facile ? Quelles sont ses relations avec les autres personnages du récit, etc.

- Son histoire avant l'histoire : racontez le passé de votre personnage en détail ou succinctement.

Bien entendu, il s'agit ici d'une liste presque exhaustive, pour un personnage de nouvelle, même principal, toutes ces données ne vous seront probablement pas nécessaires.

Deuxième heure : Définir le lieu et la temporalité

Définir le ou les lieux de votre nouvelle vous permettra d'anticiper vos descriptions. Comme je vous l'ai déjà conseillé avant, il vaut mieux vous limiter à deux ou trois endroits au maximum.

Lorsque je parle de lieux, il faut différencier le lieu du récit du ou des lieux de l'action. Par exemple : le récit se déroule à Londres, mais l'action se partage entre l'appartement de l'héroïne et le pub en bas de sa rue.

Le lieu du récit, indissociable de l'époque à laquelle vous allez placer votre histoire, vous permettra de définir une ambiance, des coutumes, un cadre historique…

Dans le cas d'un univers que vous créerez, vous n'avez pas besoin de le bâtir en entier. Ne construisez que ce dont vous avez besoin pour votre histoire et un peu plus dans un souci de vraisemblance. En revanche, si vous souhaitez utiliser cet univers pour plusieurs nouvelles, je vous conseille de le bâtir à l'avance. Sans quoi, vous risqueriez de ne pas pouvoir tenir le délai de 7 jours pour écrire votre nouvelle.

La temporalité, quant à elle, est autant l'époque à laquelle se déroule votre récit, que le temps qu'elle durera. En général, les nouvelles ne relatent qu'un court laps de temps, de quelques heures à quelques jours, rarement quelques mois, presque jamais plusieurs années.

Ainsi, vous détaillerez :

- Le cadre spatio-temporel du récit : pays et/ou ville et l'année ou le siècle/l'époque (par exemple : Londres à l'époque victorienne)

- Des détails importants par rapport au contexte : politique, économique, social, culturel…

- Le ou les lieux du récit : Quels sont-ils ? Relevez les détails à rendre dans vos descriptions comme les ambiances, les odeurs…, Quels rapports les personnages entretiennent-ils avec es lieux ? etc.

- Le ou les faits historiques directement liés à votre histoire : une guerre, une action sociale (cf. Mai 68), un fait notable (cf. le grand incendie de Londres de 1666), une décision politique, etc.

Vous pouvez vous aider d'images trouvées sur internet pour les descriptions, de cartes pour tracer des trajets ou encore de plans pour détailler des pièces. Notons aussi que la description temporelle peut se faire par le biais des éléments de décors, des habitudes ou des faits caractéristiques d'une époque. Il n'est pas nécessaire de donner une date.

Si vous souhaitez dessiner vos propres plans, je vous conseille de travailler sur du papier quadrillé avec des carrés de 5 mm de côté. Ces derniers vous permettront de créer une échelle de distance réaliste et facilement exploitable pour votre récit.

Jour 3 : Définir le plan et écrire le début

Première heure : Définir le plan

Le plan d'un récit, qu'il s'agisse d'un roman ou d'une nouvelle, est le terme civilisé pour parler du schéma narratif.

Le schéma narratif est un outil qui permet de comprendre la structure et l'évolution d'un texte narratif. Il suit l'ordre chronologique de l'histoire, contrairement au schéma actanciel qui ne sert qu'à définir les interactions entre les personnages. Il part également du principe que le ou les personnages ont une quête à accomplir (résoudre un problème, combler un manque…).

Pour les écrivain-e-s en herbe, comme pour les confirmés, établir un plan général de son roman au travers d'un schéma narratif est un excellent moyen de ne pas perdre le fil de son récit pendant la rédaction. Il permet à l'auteur ou l'autrice de conserver la cohérence de son histoire.

Le schéma narratif comprend cinq étapes :

1. La situation initiale

Il s'agit du début du récit. Elle permet de mettre en place le décor, de présenter les personnages et d'introduire l'histoire.

Cette situation est considérée comme équilibrée, elle n'a pas de raison de changer.

Elle peut être :

- positive : tout va bien et on ne voit pas pourquoi ça changerait.
- négative : tout va mal, mais personne ne veut ou ne peut changer la situation.

À la fin de la situation initiale, il faut pouvoir répondre aux questions :

- Qui ? (description du héros)
- Où ? (le lieu, l'endroit, le pays...)
- Quand ? (l'époque, la date...)
- Quoi ? (le contexte dans lequel se trouve le personnage et ce qui risque de changer)

2. L'élément perturbateur

Il s'agit de l'événement qui perturbe l'équilibre de la situation initiale. C'est le déclenchement de la quête, de l'intrigue.

Si la situation initiale était positive, il peut s'agir de l'apparition d'un problème, d'un manque, d'une difficulté... que le personnage va chercher à pallier.

Si la situation initiale était négative, il peut s'agir d'un fait qui pousse le personnage à agir contre sa condition défavorable.

À la fin de l'élément perturbateur, il faut pouvoir répondre aux questions :

- Qu'arrive-t-il ?
- Qui ou quoi est menacé ?
- Où a-t-il lieu ?

3. Les péripéties

Il s'agit des événements, actions, aventures… provoqués par l'élément perturbateur et qui permettront au personnage principal de poursuivre sa quête. Il y a, en général, plusieurs péripéties qui se succèdent chronologiquement.

À la fin des péripéties, il faut pouvoir répondre à la question : Qu'a fait le héros pour tenter d'accomplir sa quête ?

4. La résolution ou le dénouement

Il s'agit de l'ultime événement qui permettra au héros de clore le récit et de rétablir le nouvel équilibre. C'est le moment où le personnage échoue ou réussit sa quête.

À la fin de la résolution, il faut pouvoir répondre à la question : Comment se termine l'intrigue ?

5. La situation finale

Il s'agit du nouvel équilibre, positif ou négatif. Le héros a soit retrouvé sa situation initiale, soit commencé une nouvelle vie. Elle indique comment la quête a changé la vie du personnage et, parfois, comment le personnage évoluera dans le futur.

À la fin de la situation finale, il faut pouvoir répondre à la question : Quel est le nouvel équilibre ?

Deuxième heure : Écrire le début

Vous arrivez enfin à l'étape de la rédaction !

Voici quelques conseils avant d'écrire le début de votre histoire, aussi appelé « incipit ».

Selon les définitions, l'incipit peut autant désigner la première phrase du roman, que le premier paragraphe ou encore le premier chapitre si ce dernier est court. Ces premiers mots que vos lecteurs et vos lectrices rencontreront ont plusieurs fonctions :

- annoncer le récit qui va suivre en présentant le genre, le narrateur ou le point de vue, le ton de la narration, etc.
- attiser la curiosité du lecteur ou de la lectrice
- présenter l'univers du récit (le cadre spatio-temporel, les personnages…)
- installer le contexte de l'histoire (arrivée soudaine ou progressive d'un événement, expliquer les enjeux…)

Vous disposez de plusieurs manières de commencer votre récit :

- **l'incipit statique** décrit le décor, le cadre, l'époque, le personnage principal… Il ne sert qu'à informer. Il n'y a pas d'action.
- **l'incipit progressif** donne des informations au compte-goutte et ne répond pas à toutes les questions relatives à la présentation de l'univers.

- l'**incipit dynamique** ou, *in medias res*[9], plonge directement le lecteur dans l'action, en ne donnant que des indications succinctes relatives au cadre du récit.

- l'**incipit suspensif** tourne autour du pot. Il ne donne aucune information, ou très peu, et ne relate aucune action. Il sert à dérouter le lectorat. Il peut s'agir d'une plongée dans les réflexions du narrateur ou du personnage principal, par exemple.

Le début de votre nouvelle ne doit pas nécessairement correspondre à votre situation initiale. Vous pouvez très bien commencer votre récit par l'élément déclencheur et incorporer des *flashbacks* ou faire raconter la situation initiale par l'un de vos personnages un peu plus tard. Veillez toutefois à ne pas l'exposer trop tard. Vous pouvez aussi distiller les informations au fil du récit afin de faire planer une sorte de mystère au-dessus de votre personnage principal, par exemple.

Le dernier conseil que j'aimerais vous donner est celui du lâcher-prise. Laissez venir vos scènes à vous, laissez-vous emporter dans votre histoire, avec vos personnages. N'essayez pas d'écrire de manière parfaite du premier coup, personne n'y parvient, pas même les grands auteurs ni les grandes autrices. Ce que vous êtes sur le point d'écrire est un premier jet que vous perfectionnerez grâce aux corrections une fois qu'il sera terminé.

---

9   Du latin et signifie littéralement « au milieu des choses ».

Maintenant que les conseils sont donnés et avant de vous mettre vraiment à écrire, équipez-vous : minuteur, papier et stylo ou ordinateur, boisson chaude ou froide, friandises si besoin…

Préservez-vous de toute distraction : mettez votre téléphone en mode avion et en silencieux (j'insiste sur le « et »), fermez vos onglets de navigations (le monde ne s'arrêtera pas de tourner pendant que vous écrivez) et fermez la porte de la pièce où vous écrivez (et collez-y un mot : « Écriture en cours, ne pas dérangez ! »). Coupez-vous du monde pendant une heure.

Si vous avez votre plan et vos divers éléments de l'intrigue et du cadre en tête, vous n'avez pas besoin de les garder sous les yeux. Mais vous pouvez toujours les avoir près de vous, juste au cas où.

Mettez votre minuteur sur une heure, et maintenant… Écrivez !

Jour 4 : Écrire l'élément perturbateur et les premières péripéties

Je vous conseille de ne pas enchaîner deux heures de rédaction. C'est vraiment épuisant. Si vous avez la possibilité de faire une pause d'au moins 15 minutes entre la première et la deuxième heure, je vous le conseille.

Première heure : Écrire l'élément perturbateur

Bien entendu, si vous avez écrit votre élément perturbateur hier, aujourd'hui il vous faudra écrire votre situation initiale.

Relisez votre plan et ce que vous avez écrit la veille afin de vous remettre en mémoire les différents éléments de votre intrigue. Ce n'est pas encore le moment de corriger. Si vous avez un emploi du temps serré, la correction à ce stade vous prendrait trop de temps, temps que vous ne pourrez plus passer à écrire, et donc à avancer la rédaction de votre nouvelle.

L'élément perturbateur est ce qui va déclencher l'histoire, ce qui va emmener votre héros dans l'aventure que vous lui réservez.

Vous pouvez l'écrire de deux manières différentes :

- En une seule phrase : il n'est pas nécessaire de décrire votre élément perturbateur en long en large et en travers. Une simple constatation de la modification opérée peut être suffisante. Par exemple : « Quand elle s'éveilla, elle n'était plus chez elle. » D'ailleurs, l'enjeu de votre histoire peut également être celui de trouver la cause de cette perturbation en plus de sa résolution.

- Sous forme de scène : vous pouvez rédiger votre élément perturbateur comme n'importe quelle scène de votre histoire, avec force détails. Si je reprends l'exemple ci-dessus, vous pourriez décrire la scène de son enlèvement ou de son épisode aigu de somnambulisme.

Si vous n'avez pas encore décrit votre personnage principal, il est temps de le faire.

Deuxième heure : Écrire les premières péripéties

Pour rappel, les péripéties sont les actions entreprises par le héros pour tenter d'accomplir sa quête, de résoudre son problème, de répondre à ses questions…

La péripétie se présente sous trois formes différentes :

- Le héros tente d'accomplir sa quête et échoue : la situation s'améliore, s'aggrave ou stagne.
- Le héros tente d'accomplir sa quête et échoue, mais réussit à obtenir un élément qui lui permettra d'avancer : la situation s'améliore, s'aggrave ou stagne, mais le héros a un élément de réponse (une information, un objet, un ennemi en moins, un allier en plus…).
- Le héros tente d'accomplir sa quête et réussit, mais sa réussite dévoile une nouvelle quête directement liée à la première. C'est ce que l'on pourrait appeler des « quêtes imbriquées », la résolution de la précédente déclenche la suivante.

Notez que, même si le procédé des « quêtes imbriquées » permet de multiples rebondissements d'intrigue, il est toutefois déconseillé de l'utiliser pour la nouvelle, car il est très complexe.

Jour 5 : Écrire la ou les dernières péripéties, la résolution et la situation finale

Première heure : Écrire la ou les dernières péripéties

Vous voilà bien avancé-e dans la rédaction de votre nouvelle. Bravo !

Avant de vous remettre au clavier ou de reprendre le stylo, relisez ce que vous avez écrit la veille pour vous remettre dans l'ambiance de votre récit. Jetez un œil à votre plan si nécessaire.

À nouveau, ce n'est pas le moment de corriger votre texte. Sauf si vous y trouvez de sérieuses incohérences. Auquel cas, prenez quelques minutes pour les corriger, mais pas plus. Si vous voyez qu'il vous faudra beaucoup réécrire, prenez des notes, soit directement sur votre document Word grâce aux commentaires, ou en écrivant avec une autre couleur, soit sur votre feuille.

Notez vos remarques de manière précise et éloquente de sorte que, lors de votre relecture, vous n'ayez pas à passer du temps à essayer de comprendre ce que vous vouliez dire.

Ne perdez pas de vue que les péripéties doivent augmenter en intensité et en complexité. Donner à votre personnage principal des obstacles simples alors qu'il a évolué risque d'ennuyer votre lectorat, voire d'être incohérent. Vous pouvez également rendre les enjeux plus importants, comme placer votre héros face à une épreuve telle, qu'une fois lancée il n'y aura aucun retour possible.

N'oubliez pas ce que le héros a acquis et perdu au cours des précédentes péripéties. Il serait dommage qu'il oublie au fond de sa poche un objet très utile ou une information qui aurait pu l'aider à atteindre son but sans heurt.

Deuxième heure : Écrire la résolution et la situation finale

La résolution est le dernier événement de votre histoire, la dernière étape avant le nouvel équilibre. C'est l'instant de vérité, il explique si votre personnage a réussi sa quête ou non.

Au même titre que l'élément déclencheur, elle peut être très courte (une seule phrase) ou être écrite comme une scène ou une péripétie.

De même, la résolution peut également inclure la situation finale si celle-ci ne nécessite pas de long développement pour expliquer le nouvel équilibre.

Il existe plusieurs situations finales possibles :

- **La situation finale est mauvaise** par rapport à la situation initiale : c'est le cas des œuvres des registres tragique et pathétique.
- **La situation finale est bonne** comparée à la situation initiale : tout va pour le mieux dans le meilleur des mondes possibles.
- **La situation finale est identique** ou semblable à la situation initiale : cela peut renvoyer à une idée de futilité.

À l'instar de l'incipit qui commence le récit, l'explicit le clôt. La fin de votre nouvelle est aussi importante que son début. Ces derniers mots sont ceux par lesquels vous adresserez vos adieux à votre lectorat, vous devrez donc leur apporter un soin particulier afin que vos lecteurs et vos lectrices restent sur une note positive de lecture.

Les trois types d'explicit les plus fréquents sont :

- **L'explicit dramatique** qui termine le récit par un événement positif ou négatif (la mort d'un personnage, un départ, un mariage, la révélation du coupable, etc.) et qui met un point final au récit. Il répond à toutes les questions du récit et achève toutes les quêtes de l'histoire et ne laisse aucun doute quant à l'avenir du personnage. C'est celui qu'on appelle communément la « fin fermée ».

- **L'explicit à valeur morale ou philosophique** qui finit le récit avec une leçon morale ou philosophique tirée de l'histoire vécue par le ou les personnages. Il s'agit de la caractéristique des contes et des fables.

- **L'explicit sans conclusion** qui laisse certains éléments en suspens, il ne répond pas toujours à toutes les questions et ne donne pas d'éléments sur l'avenir du personnage principal, c'est au lectorat de tirer ses propres conclusions. Il peut également répondre à toutes les questions, mais ouvrir une nouvelle intrigue, pour laisser place à une suite par exemple. C'est que l'on appelle plus communément la « fin ouverte ».

Jour 6 : Corriger le fond et trouver le titre

Première heure : Corriger le fond

Félicitations ! Vous avez terminé votre nouvelle !

Même s'il vous reste encore le travail de correction, vous pouvez vous féliciter d'y être parvenu-e. Écrire un premier jet, c'est déjà beaucoup.

Afin de perfectionner votre texte et, de ce fait, votre écriture, la correction est un passage obligatoire. Toutefois, afin que vous puissiez garder les idées claires, je vous propose de séparer la correction de votre nouvelle en deux : aujourd'hui vous corrigerez le fond et demain la forme. Cela vous permettra de vous détacher de votre texte entre ces deux étapes.

Afin de rendre votre correction la plus efficace et la plus agréable possible, je vous conseille de parvenir à prendre un maximum de recul. N'enchaînez pas l'écriture de la situation finale et la correction, laissez passer au moins une journée. Par exemple, si vous avez prévu une plage de travail le matin et une autre le soir, intervertissez les étapes du jour : cherchez le titre le matin et corriger le soir.

La correction de fond consiste à corriger les incohérences du récit, réécrire les passages épineux, perfectionner tout ce qui a trait à l'intrigue et à vos personnages. Afin de mieux juger du rythme de votre texte et de sa musicalité (surtout si vous avez joué sur les allitérations et les assonances), lisez votre texte, ou au moins certains passages, à voix haute.

La première étape est de relire en entier votre nouvelle en l'annotant. Ne réécrivez pas tout de suite, car vous pourriez créer de nouvelles incohérences. Les points qui doivent retenir votre attention sont :

- **la succession des événements** : vérifiez que tout s'enchaîne correctement, qu'aucune scène ne tombe comme un cheveu sur la soupe ; n'hésitez pas à intervertir des passages/des chapitres si cela vous semble judicieux ; contrôlez la chronologie de votre histoire (si au chapitre n il fait nuit, au chapitre n+1 la nuit ne peut pas tomber).

- **vos personnages** : avez-vous décrit votre personnage principal ? Sont-ils cohérents tout au long de l'histoire (ce n'est pas grave s'ils ont évolué depuis leur création) ? Sont-ils suffisamment décrits pour que l'on puisse les identifier ? Tous vos personnages sont-ils utiles et/ou pertinents ? En manque-t-il ?

- **vos descriptions** : sont-elles toutes pertinentes ? N'avez-vous pas abusé des figures de style ? Certains détails manquent-ils ? Certains sont-ils inutiles ? Sont-elles trop longues ou trop courtes ? Sont-elles fluides ou sautez-vous du coq à l'âne ? Utilisez-vous les six sens (ouïe, vue, toucher, goût, odorat et ressenti) ?

- **vos dialogues** : Sont-ils fluides ? Sont-ils réalistes (les dialogues sont des paroles écrites, il est donc normal que les répliques soient écrites en « langage parlé ») ? Peut-on identifier qui parle ? Vérifiez le nombre d'incises : sont-elles suffisantes ? Trop nombreuses ? Pertinentes ?

- **l'équilibre entre descriptions, narrations et dialogues** : le juste équilibre entre ces trois éléments d'un récit est très difficile à obtenir. Il dépend du genre de votre histoire et des émotions que vous voulez transmettre par elle. Un texte plutôt contemplatif aura très peu de dialogues, voire pas du tout, une narration restreinte et des phrases assez longues afin de poser la lecture. Un récit plutôt porté sur l'action comptera peu de descriptions qui seront laconiques, il privilégie les dialogues et la narration avec des phrases courtes afin de donner une impression d'empressement et de dynamisme. À vous de trouver le bon équilibre pour votre nouvelle.

Deuxième heure : Trouver le titre

À moins que vous ne soyez de ces personnes qui écrivent à partir d'un titre ou que le titre de votre nouvelle vous ait été imposé, dans le cadre d'un concours par exemple, normalement, votre récit n'en a pas encore. Il est donc temps de lui en donner un.

Il est plus judicieux de chercher le titre après la rédaction de votre histoire, car ce n'est qu'à ce moment-là que vous avez une véritable vue d'ensemble de votre récit. Maintenant qu'il est écrit, vous saisissez avec une meilleure acuité les thèmes que vous y abordez et ce qui est à retenir de votre nouvelle.

Le titre sert à donner une identité propre à votre histoire. Choisir un titre, c'est un peu comme choisir le prénom d'un enfant. Il permet d'informer sur le genre de la nouvelle, sur son ou ses thèmes principaux, parfois même sur le ton qui sera employé pour raconter l'histoire. Enfin, il attise la curiosité ou interpelle. Un titre peut être descriptif (*Le Colonel Chabert* de Honoré de Balzac), choquant (*Qui Ment ?* de Karen M. McManus), énigmatique (*Les Écureuils de Central Park sont tristes le lundi* de Katherine Pancol), humoristique (*L'Extraordinaire voyage du fakir qui était resté coincé dans une armoire Ikea* de Romain Puértolas), triste (*Les Oiseaux se cachent pour mourir* de Colleen McCullough), etc.

Voici quelques conseils pour trouver un titre à votre nouvelle :

- En général, **un titre est court et percutant** : un nom, un mot ou groupe de mots, rarement une phrase. Toutefois, si cela colle avec votre récit, vous pouvez très bien opter pour un titre long pour créer un effet drôle, énigmatique, triste, etc.

- Le titre doit donner une bonne **indication de ce qu'on va trouver dans le récit.** Pour ce faire, vous pouvez utiliser des figures de style comme la métaphore.

- **Le titre doit susciter la curiosité**, il ne peut pas être trop mystérieux ou, au contraire, trop informatif.

- Le titre peut être **associé à une émotion** ou susciter une émotion chez votre futur lectorat.

- **Inspirez-vous des titres d'autres récits** dans le même genre que le vôtre et parlant des mêmes thèmes, cela vous permettra de vous situer dans un univers littéraire déjà existant.

- **Le titre peut reprendre une phrase clé**, l'élément déclencheur, le nom ou le titre d'un personnage, le lieu de l'intrigue ou encore un élément essentiel du récit.

- **Vous pouvez utiliser un autre code** pour écrire votre titre comme une autre langue (dans ce cas, optez pour des expressions connues comme Flashback, Hasta la vista, Ciao Bella !...), des chiffres, une formule mathématique pas trop compliquée (cf. $E=MC^2$, mon amour de Patrick Cauvin).

- **Évitez les titres pour lesquels trop de sous-entendus** sont possibles, surtout s'ils sont scabreux, ou qui peuvent porter à confusion.
- **Évitez les titres trop compliqués à écrire** et qui rendraient la recherche en librairie ou sur internet très compliquée.

S'il n'est pas dans vos projets de partager votre nouvelle dans un délai court, ne passez pas plus d'une heure sur le titre.

D'abord, il est fort probable qu'avec le temps vous ayez envie de le changer ou qu'un de vos lecteurs ou qu'une de vos lectrices ait une meilleure idée à vous soumettre. Ensuite, si vous décidez de la faire éditer à compte d'éditeur, il est plus que probable que ce dernier décide de le changer pour mieux correspondre à sa ligne éditoriale.

Jour 7 : Corriger la forme et mettre le point final

Première heure : Corriger la forme

Si vous ne disposez pas d'un logiciel de correction efficace comme Antidote ou ProLexis, je ne peux que vous conseiller d'imprimer votre texte et de le corriger en commençant par la fin ou en piochant les chapitres au hasard si vous avez des chapitres.

Il a été prouvé à de nombreuses reprises que l'attention et la concentration sont meilleures lorsque nous lisons sur papier. De plus, comme vous avez écrit cette histoire, vous la connaissez. Vous ne la lirez donc pas vraiment, car votre cerveau est capable de devancer les mots et les phrases de votre nouvelle. Afin d'être plus efficace, il est donc conseillé de ne pas la lire dans l'ordre. Ainsi, votre cerveau sera déboussolé et il aura beaucoup moins tendance à anticiper, vous verrez réellement ce que vous avez écrit et vous serez plus à même de repérer vos fautes.

Enfin, vous n'avez pas à vous fustiger : tout le monde fait des fautes, c'est normal. Au lieu de vous critiquer, riez de vos erreurs. Vous verrez que vous pourriez avoir envie de rire à plusieurs reprises.

Désormais, il ne vous reste plus qu'à corriger la forme, c'est-à-dire :

- **l'orthographe et les fautes de frappe** : faites attention aux homophones (les mots qui se prononcent de la même manière) comme balais/ballet, balade/ballade, compte/conte/comte, chaîne/chêne, boulot/bouleau, chaos/cahot…

- **la grammaire** : cela concerne les accords, la classe des mots… Par exemple, faites attention aux fautes courantes telles que a/à, ses/ces, où/ou, du/dû, infinitif en -er/participe passé en -é/la 2e personne du pluriel en -ez, etc.

- **la conjugaison, la concordance des temps et la cohérence temporelle** : vérifiez que les temps respectés soient corrects et que votre texte suit la même logique temporelle (si le début est au passé, le reste doit l'être aussi).

- **la syntaxe** : ceci concerne la construction des phrases. Vérifiez leur longueur (trop courte ou trop longue) et l'ordre des mots dans vos phrases.

- **la ponctuation** : respectez les espaces insécables avant (ou après) les signes doubles, les usages de la virgule, les tirets cadratins ou demi-cadratins pour les répliques des dialogues…

- **le vocabulaire** : chassez les répétitions, évitez les anglicismes tels que « impacter » (préférez « avoir un impact »), « conséquent » (préférez « important »), « digital » (en français, digital est l'adjectif qui qualifie tout ce qui se rapporte aux doigts, la traduction du mot anglais *digital* est « numérique »), etc. Repérez les fautes usuelles comme « au jour d'aujourd'hui » (préférez « à ce jour » ou « aujourd'hui »), « par contre » (préférez « en revanche »), « malgré que » (préférez « bien que »), etc.

- **les expressions régionales** : certains mots, certaines tournures ou expressions sont propres à votre région et risquent de ne pas être comprises ailleurs.

Si ces points représentent de réelles faiblesses pour vous, n'hésitez pas à faire appel à un-e ami-e ou à une personne dont c'est le métier comme un correcteur professionnel ou une écrivaine publique.

Deuxième heure : Mettre le point final

Vous y êtes : la dernière heure de travail sur votre nouvelle.

Pour cette dernière étape, parcourez votre texte une dernière fois et corrigez les éventuelles dernières fautes. Ne vous lancez pas dans une nouvelle réécriture : un texte est toujours perfectible, mais, à un moment, il faut savoir s'arrêter de corriger et de réécrire.

Si vous aviez noté plusieurs titres, il est temps de vous décider pour l'un deux.

Et maintenant ?

Maintenant que votre nouvelle est terminée, que faire ?

Commencez par vous interroger sur le but de cette nouvelle : Était-ce un simple exercice de style ? Une nouvelle dans le cadre du Projet Bradbury ? Un devoir pour l'école ? Le premier écrit de votre carrière d'écrivain-e ? Une nouvelle pour un concours ? …

Selon les réponses que vous donnerez à ces différentes questions, plusieurs choix s'offrent à vous.

La garder pour vous

Vous pouvez très bien décider de garder cette nouvelle pour vous, et ce, qu'il s'agisse d'un exercice de style ou pas. Vos écrits n'appartiennent qu'à vous et vous êtes la seule personne à pouvoir décider de leur avenir. Vous avez donc parfaitement le droit de ne pas les partager.

La faire bêta-lire pour demander des conseils

Le terme bêta-lecture vient directement de l'informatique où le test d'un programme se nomme un bêta-test.

Il s'agit donc d'une lecture-test de votre livre avant de pouvoir déclarer définitivement qu'il est finalisé et prêt à être (auto)édité. La bêta-lecture permet à l'auteur ou à l'autrice de prendre du recul sur son texte de manière à pouvoir l'évaluer correctement grâce à un regard extérieur. Les bêta-lecteurs pourront ainsi relever :

- les points faibles et les points forts de votre récit,
- les incohérences que vous n'auriez pas remarquées,
- les explications qui manqueraient et celles qui seraient superflues,
- les passages mal écrits,
- les fautes (éventuellement).

Il s'agit donc d'une étape indispensable au perfectionnement de son texte et de son écriture.

Si vous décidez de confronter votre récit au regard critique d'un ou plusieurs bêta-lecteurs ou lectrices, choisissez des personnes en qui vous avez confiance, qui vous livreront une critique argumentée et respectueuse de votre nouvelle. Évitez votre famille ou vos amis proches si vous n'êtes pas certain-e qu'ils pourront apporter un regard critique et bienveillant sur vos écrits.

Ensuite, donnez-leur des directives de lecture : certain-e-s seront meilleur-e-s pour la correction de fond, d'autres pour la correction de forme. Fixez-leur également une date limite de lecture. N'acceptez pas les laconiques « j'aime » ou « j'aime pas », allez chercher à savoir pourquoi ça plaît ou pas. Demandez à ce qu'on relève vos points faibles autant que vos points forts, ils sont aussi importants les uns que les autres.

Enfin, à vous d'accepter la critique. Votre récit n'est sûrement pas parfait, vos bêta-lecteurs et lectrices sont là pour vous aider à l'améliorer, non pour vous décourager. Prenez leurs remarques en compte et voyez comment vous pouvez les intégrer à votre écriture et modifier votre nouvelle en fonction afin de la rendre meilleure.

La partager sur internet

Si vous souhaitez élargir votre lectorat, internet est le meilleur endroit pour ça. Vous pouvez :

- lancer votre blog[10] et y publier vos nouvelles ;
- vous inscrire sur Wattpad, une plateforme de publication gratuite ;
- partager vos écrits grâce à la fonction « article » de Facebook (soit uniquement sur votre compte personnel pour ne permettre la lecture qu'à vos amis, soit grâce à une page de manière à rendre vos écrits publics) ;
- vous inscrire sur un forum d'écriture.

---

10 À mon sens, la meilleure plateforme blog à l'heure actuelle est Wordpress, il s'agit de la plus facile à utiliser, entre autres raisons.

Participer à des appels à textes ou des concours

Certaines maisons d'édition proposent des appels à textes[11] dans le but de réaliser des anthologies. Vous pouvez toujours chercher des débouchées pour vos nouvelles par ce biais[12].

Vous pouvez également participer à des concours de nouvelles[13]. Parfois, le premier prix est un contrat d'édition à compte d'éditeur.

La publier ou l'autopublier

Vous pouvez opter pour l'édition ou l'autoédition de votre nouvelle. Toutefois, la nouvelle n'a plus la cote en Europe francophone depuis la seconde moitié du XXe siècle, il vous sera donc très difficile de trouver un éditeur, en dehors du cadre d'un appel à textes, et encore plus de la vendre.

Vous aurez autant de difficultés à trouver votre public si vous vous autoéditez.

---

11 Les appels à textes sont les appels d'offres littéraires : des maisons d'édition, des salons, des magazines… demandent à des auteurs et des autrices de rédiger des textes dans le but d'en faire des anthologies. Toutes les nouvelles envoyées ne sont pas retenues. Si le texte envoyé est retenu, un contrat d'édition sera proposé à l'auteur ou l'autrice.

12 Pour trouver des appels à textes, je ne peux que vous conseiller les sites *Appel à textes* (http://appels-a-textes.fr) et *Épopées fictives* (http://www.epopees.fictives.fr), qui est, quant à lui, dédié aux genres de l'Imaginaire (Science-fiction, Fantasy et Fantastique).

13 Le site *Concours Nouvelles* (https://www.concoursnouvelles.com) regroupe presque tous les concours de nouvelles.

Recommencer

Écrivez d'autres nouvelles ou, si vous vous sentez prêt-e, passez à la vitesse supérieure : le roman.

Quelques conseils

1. Le découpage en chapitres

Le découpage en chapitre représente souvent un casse-tête pour les écrivain-e-s, débutant-e-s ou non. Voici donc quelques conseils pour vous aider à chapitrer vos écrits, nouvelles comme romans :

- Si ça ne vous vient pas naturellement pendant l'écriture, faites-le à la relecture. À ce moment-là, on a une meilleure vision d'ensemble et la division en chapitre est plus évidente.
- Il n'y a pas de longueur idéale de chapitre. De même, il n'y a aucune obligation à ce que vos chapitres aient tous la même taille. La taille importe peu, en revanche, il faut qu'ils commencent et se terminent aux bons moments.
- L'idéal est de changer de chapitre dès qu'il y a un changement (de lieu, d'époque ou de point de vue) dans votre intrigue.

2. Faites-vous confiance

Il est important que vous ne vous posiez pas de barrières. On se fixe souvent des limites à cause de préjugés ou de fausses croyances.

Afin de pouvoir écrire une nouvelle jusqu'au bout, il faut que vous parveniez à lâcher prise et à vous laisser aller. Il n'y a que de cette façon que vous pourrez atteindre la fin de votre nouvelle. Une histoire ne s'écrit pas avec sa tête, mais avec ses tripes. Alors, ne réfléchissez pas trop en écrivant, vous aurez tout le loisir de le faire pendant la correction.

De même, faites confiance à votre jugement : si vous estimez que quelque chose ne va pas dans votre histoire, changez-la.

3. Sachez dire non

Après la gestion du temps, le deuxième problème des écrivain-e-s, c'est la procrastination.

La première chose à faire lorsque l'on se met à l'ouvrage, c'est parvenir à se dire non à soi-même. C'est bien beau de se fixer un rendez-vous avec soi-même, mais encore faut-il réussir à se couper du monde pour se concentrer sur ses écrits. Pour supprimer toute distraction, commencez par éteindre votre téléphone ou mettez-le en mode avion si vous vous aidez d'applications pour écrire, comme un chronomètre.

Le mode avion est un paramétrage préconfiguré qui existe sur tous les smartphones et sur tous les systèmes d'exploitation et qui permet de couper toutes les connexions réseau tout en vous permettant de continuer à utiliser les applications et fonctions qui ne nécessitent pas d'être connectées. Le mode avion déconnecte :

- le réseau téléphonique
- la 3 G, la 4 G, le Wifi
- le GPS
- les connexions Bluetooth.

Ainsi, vous ne risquez plus d'être dérangé-e par des appels, des SMS, des emails, des notifications de réseaux sociaux…

Ensuite, si vous écrivez sur papier, éteignez votre ordinateur. Si vous écrivez sur ordinateur, bloquez toutes les notifications, notamment les notifications système, et fermez tous vos onglets ou ne gardez que les utiles comme votre playlist d'écriture sur YouTube ou un dictionnaire en ligne.

La seconde chose à faire, c'est de réussir à dire non aux autres. Si un ami a envie de vous voir autour d'un café pour profiter du soleil ou qu'une amie veut vous téléphoner pour papoter, vous devez leur dire non. Ce rendez-vous que vous avez pris avec vous-même dans votre agenda doit avoir la même valeur qu'un cours ou qu'un rendez-vous client : il ne peut être ni reporté, ni annulé.

Si vous avez peur ou honte de dire à vos proches que vous ne pouvez pas accepter leurs demandes parce que vous écrivez, alors dites-leur simplement que vous avez un rendez-vous.

De même, si vous avez peur de vous couper du monde (peur de rater un appel important par exemple), rappelez-vous que ce n'est que pour un court laps de temps, deux heures maximum. C'est le temps d'un film ! Or, au cinéma, en réunion ou en examen, vous êtes tout autant coupé-e du monde et ça ne pose pas problème, ni pour vous ni pour autrui.

4. Ne revenez pas sur vos pas

Lorsque vous voyagez, normalement, vous devez démarrer de chez vous pour, *in fine*, arriver à destination. Or, si vous passez votre temps à quitter votre chez vous, puis revenir parce que vous avez oublié votre portefeuille, votre brosse à dents, votre paire de chaussettes porte-bonheur, etc. vous n'arriverez jamais à destination.

Il en va de même pour l'écriture : si vous voulez boucler votre premier jet, regardez devant vous et non derrière.

Ne corrigez pas vos chapitres précédents tant que vous n'avez pas terminé d'écrire le premier jet de votre livre. Vous aurez tout le temps de perfectionner vos écrits une fois que vous aurez tout écrit. D'ailleurs, vos corrections seront beaucoup plus efficaces si vous les effectuez alors que vous avez déjà une vue d'ensemble de tout votre travail.

En outre, les corrections ont souvent un aspect déprimant, et ce, pour deux raisons. La première, c'est que vous allez être confronté-e à votre écriture brute, à votre premier jet, et il est très fréquent, pour ne pas dire inévitable, que vous la trouviez médiocre. Quand on y est confronté-e en pleine rédaction, on se sent souvent trop découragé-e pour écrire la suite (le fameux : « Tout ce que j'écris est mauvais ! Je suis un-e écrivain-e raté-e ! »), alors que si on y est confronté après la rédaction, on se sent déjà plus confiant-e parce que la nouvelle est déjà terminée et parce que vous savez que la correction est l'étape suivant la rédaction. Se dire que l'on ne doit que corriger son texte et non plus le finir et le corriger, ça change tout. C'est beaucoup moins décourageant.

La seconde, c'est que vous n'aurez pas l'impression d'avancer dans vos écrits. Et ce sera vrai. Corriger sans cesse ce qui aura déjà été rédigé ne vous emmènera pas vers l'écriture du mot fin. Ainsi, en corrigeant avant d'avoir terminé, vous penserez avancer alors que, en réalité, il n'en est rien.

5. Ne cherchez pas la perfection avec votre premier jet

Un premier jet n'est jamais parfait ! Jamais et pour personne, donc il ne le sera pas pour vous non plus.

Ne cherchez donc pas absolument à trouver le mot juste, la tournure parfaite ou la métaphore idéale lors de la rédaction. Cela vous fera perdre un temps considérable et précieux. Et s'il y a bien une chose que les écrivain-e-s doivent préserver avant tout, c'est leur temps.

Tout d'abord parce qu'il n'est pas évident d'en prendre pour écrire. Ensuite, parce que plus le temps avance et plus votre histoire stagne, plus vous vous démotiverez de cette histoire et de l'écriture en général. Pour terminer un récit, il est important, non pas d'écrire vite, mais d'écrire de manière régulière afin de se voir avancer. Si vous avez l'impression que la fin de votre histoire s'éloigne un peu plus à chaque session d'écriture, vous finirez par ne plus avoir envie de l'écrire, voire d'écrire tout court.

Cette recherche de la perfection, que ce soit à l'écriture ou par le fait de revenir constamment en arrière pour corriger, est l'un des facteurs principaux qui font que beaucoup de personnes ne terminent pas leurs écrits.

Alors, pour garder la flamme de votre histoire, l'attrait de la nouveauté, et parvenir à sa fin, écrivez vos mots comme ils vous viennent. Vous les corrigerez plus tard.

6. Personnalisez votre environnement d'écriture

Écrire nous demande de synthétiser nos pensées pour les traduire en mots et il faut accepter qu'ils ne soient pas parfaits du premier coup, cela vaut autant pour la fiction que pour la non-fiction. D'une certaine manière, l'écriture nous rend vulnérables. C'est un acte de lâcher-prise qui demande beaucoup de concentration et de bienveillance envers soi-même. Aussi, faut-il se sentir bien dans l'environnement dans lequel on écrit.

Pour ce faire, vous devez trouver les différents ingrédients qui favorisent votre concentration. Ces derniers peuvent tenir dans plusieurs éléments :

- **l'endroit** : choisissez un endroit où vous sentez bien, où vous vous sentez inspiré-e, mais aussi où vous ne serez pas dérangé-e, ce peut être votre bureau, votre salon, un café…

- **l'heure** : peut-être le point le plus important de tous, vous ne le savez peut-être pas, mais l'activité de notre cerveau suit des cycles et il n'est pas opérationnel à la création tout le temps. Nous avons tous des rythmes différents qui font que nous sommes plus efficaces à accomplir certaines tâches à certaines heures et totalement incapables de les faire à d'autres moments de la journée. Il est donc primordial que vous trouviez vos horaires d'écriture.

  - **l'ambiance sonore** : je ne voulais pas parler de musique parce que le silence est tout aussi légitime que des musiques de film ou des chants de baleine ; l'important c'est que ça vous aide et vous mette à l'aise.

- **le support** : carnet, feuilles volantes, lignées, quadrillées, ordinateur, tablette, smartphone, machine à écrire, crayon, stylo à bille, stylo à plume, parchemin, plume d'oie… les choix ne manquent pas !

- **la position** : ce point peut vous paraître étrange, mais certain-e-s écrivain-e-s aiment écrire debout ou couché, par terre ou sur leur canapé… être assis-e n'est donc pas une obligation.

- **la tenue** : certain-e-s accordent une grande importance à la tenue, comme Victor Hugo qui écrivait nu ou Dany Laferrière qui écrit en pyjama.

- **la boisson et le grignotage** : je sais qu'il m'est impossible d'écrire sans mon mug de boisson chaude (thé/café/chocolat chaud/tisane quand j'écris la nuit) et mon carré de chocolat, et je sais qu'il en va de même pour beaucoup d'autres confrères et consœurs d'écriture.

7. Lisez

Quand on écrit des histoires, il est important de s'imprégner des mots des autres, de leurs univers, de leur style, de leur structure afin de pouvoir en tirer ce qui nous convient et faire notre propre chemin en tant qu'écrivain-e. Les mots et leur usage ne peuvent s'apprendre que dans d'autres livres.

Lire des styles d'écriture variés permet de comprendre les différents rouages de l'écriture. Il permet également de se trouver des modèles à suivre et, ainsi, de nous imposer un certain niveau d'exigence qui peut être que bénéfique pour notre apprentissage.

8. Rendez des comptes

Ça peut paraître saugrenu, mais c'est très motivant de devoir rendre des comptes à quelqu'un.

Je vous conseille de choisir une personne de confiance dans votre entourage, de la mettre au courant de votre projet d'écriture et, après chaque session d'écriture prévue, vous lui direz combien de mots ou signes vous aurez écrits.

Si vous n'avez pas écrit, cette personne peut vous donner un gage (comme lui payer un restaurant ou un cinéma).

Si vous avez une communauté sur les réseaux sociaux, vous pouvez aussi leur rendre des comptes… et elle pourrait aussi vous donner des gages.

Dans mon cas, à chaque fin de session d'écriture, j'envoie à mon mari un message pour lui dire combien de mots j'ai écrits. Ensuite, dans la foulée, je publie, sur mes réseaux sociaux d'autrice, un extrait de ce que je viens d'écrire. Ça me permet d'avoir l'impression de devoir tenir des obligations et ça m'aide vraiment à être constante dans mon écriture.

9. Ne vous comparez pas aux autres

Lorsque l'on se compare aux autres écrivain-e-s, on compare souvent notre premier jet à un écrit fini, un diamant brut à un diamant taillé.

Si l'on veut vraiment comparer, il faut comparer deux écrits finis.

Les phases de correction et de réécriture sont cruciales pour une nouvelle ou un roman. Se comparer aux autres alors que l'on n'a pas encore terminé notre travail n'est pas là pour nous aider.

En outre, on ne compare pas non plus un-e débutant-e avec un-e expérimenté-e. Le jeune écrivain ou la jeune écrivaine a encore beaucoup de chemin à parcourir, d'erreurs à faire, de leçons à apprendre. Il est donc normal que sa plume ne soit pas au même niveau que son modèle qui comptabilise peut-être des décennies d'écriture et, donc, de perfectionnement.

10. Faites-vous plaisir !

Parce qu'après tout, si on écrit, c'est d'abord et avant tout parce que l'on aime ça !

Ne perdez donc pas de vue le plaisir des mots et le plaisir d'écrire.

La liste des fiches de travail

Je vous le mentionnais en début de ce guide, un ensemble de fiches de travail, complémentaires à cet ouvrage, est disponible sur ma boutique. Elles sont disponibles à cette adresse :

http://www.prom-auteur.com/boutique/pdf-ecrire-une-nouvelle-en-7-jours/

Il y a 19 fiches pour un total de 44 pages.

De plus, toutes ces fiches peuvent être utilisées pour écrire des nouvelles, des romans, voire des séries ! En outre, elles sont adaptées à tous les genres de récits, de la romance à la Fantasy, en passant par le policier et la science-fiction !

Voici la liste des fiches :

Jour 0 : Trouver des idées : il s'agit d'une série de questions destinées à vous aider à cerner les thèmes qui vous tiennent à cœur, les types de personnages qui vous attirent… pour titiller votre imagination.

Votre liste de 52 idées : Il s'agit d'une fiche vierge pour que vous y notiez 52 sujets de nouvelles.

Tableau des 5 W's pour vous aider dans votre réflexion.

Une fiche d'idée qui reprend les grandes lignes de votre idée, comme il y a plus d'espace que dans le tableau, vous pourrez développer votre idée plus en profondeur.

Jour 1 : Développer votre idée : il s'agit d'une série de questions destinée à vous aider à approfondir votre idée.

Jour 2 : La fiche de personnage : elle regroupe toutes les caractéristiques dont vous aurez besoin pour faire vivre vos personnages. Cette fiché étant très complète, elle peut également servir pour des romans.

Jour 2 : La fiche de lieu : plusieurs encarts vous permettront de compiler toutes les informations nécessaires pour pouvoir décrire les lieux de vos intrigues et les utiliser dans vos récits (nouvelles comme romans).

Jour 2 : La fiche de temporalité : vous pourrez y noter toutes les informations indispensables à la temporalité de votre récit (nouvelle ou roman), aussi bien pour la durée de celui-ci que pour l'époque à laquelle il prend place.

Jour 3 : Définir le plan : il s'agit d'une fiche qui reprend les différentes étapes du schéma narratif afin de vous permettre d'établir les grandes lignes de votre intrigue et de pouvoir avoir tous les détails importants sous la main et sur un seul document.

Jour 3 : Écrire le début : grâce à plusieurs questions et rappels, vous serez à même de préparer votre incipit.

Jour 4 : Écrire l'élément perturbateur : une série de questions destinée à vous aider à préparer votre élément perturbateur.

Jours 4 et 5 : Écrire une péripétie : une fiche pour vous permettre de développer vos différentes péripéties grâce à plusieurs encarts et questions.

Jour 5 : Écrire la résolution : une fiche pour vous permettre de développer votre résolution grâce à plusieurs encarts et questions.

Jour 5 : Écrire la situation finale : grâce à plusieurs questions et rappels, vous serez à même de préparer votre explicit.

Jour 6 : Corriger le fond : il s'agit d'une série de questions pour vous permettre de vérifier que votre histoire a été correctement écrite, que le sujet a été correctement traité. Vous y trouverez également quelques pistes pour travailler et améliorer votre style.

Jour 6 : Trouver le titre : vous y trouverez plusieurs encarts et questions afin de vous aider à trouver des titres à vos récits (nouvelles comme romans).

Jour 7 : Corriger la forme : vous y trouverez une check-list de tous les points auxquels vous devrez accorder une attention particulière lors de la corrections de l'orthographe, la grammaire, le vocabulaire…

Fiches bonus : organiser ses participations aux concours de
nouvelles et aux appels à textes

Avez-vous aimé ce livre ?

Alors, clapez-le !

Commentez-le sur Amazon, Booknode, Babelio…

Likez ma page Facebook et mon Twitter !

Abonnez-vous à ma newsletter pour ne rien rater.

Parlez-en autour de vous et sur les réseaux !

Ne sous-estimez pas le pouvoir du CLAP !

À propos de l'autrice

Virginie VINCENT est née en 1987 en Belgique. Ce qui explique la présence des « septante » et des « nonante » dans certains de ses écrits. Cette autrice, blogueuse et écrivaine publique a un parcours atypique : elle a commencé des études en géologie, qu'elle a dû abandonner à cause de problèmes de santé, puis elle s'est lancée dans une formation de webmaster. Elle a ensuite quitté sa Belgique natale pour s'installer juste au sud de la région des châteaux de la Loire où elle a décidé de tout faire pour vivre de sa passion : l'écriture.

D'abord administratrice du blog *Monde Fantasy*, puis autrice autoéditée avec son premier roman, *Neph et Shéa : La Fuite*, elle est devenue écrivaine publique afin d'aider d'autres écrivains et écrivaines à surmonter les embûches de l'écriture.

Où la trouver :

Son site : http://www.prom-auteur.com
Sa page Facebook : Prom'Auteur
Son Twitter : @PromAuteur
Son Instagram : @Zahardonia
Son email : contact@prom-auteur.com

De la même autrice

Ses guides et carnets :

L'Utilisation des temps de conjugaison en français, autoédition, 2014

Journal de lecture, autoédition, 2017

Écrire une nouvelle en 7 jours, autoédition, 2018

Devenir écrivain, Étape 1 : écrire un livre, à paraître

Ses romans :

La Fuite (Neph et Shéa 1), autoédition, 2017

L'Exode (Neph et Shéa 2), autoédition, 2018

Le Voyage (Neph et Shéa 3), à paraître

www.ingramcontent.com/pod-product-compliance
Lightning Source LLC
Chambersburg PA
CBHW061250140726
47998CB00006B/2174